„Alles regt und bewegt sich"

„Alles regt und bewegt sich"

Hommage an Wilhelm Heinse
zum 200. Todestag

Rezitation
Carsten Pollnick

Illustrationen
Siegfried Rischar

Aschaffenburg 2003

Idee, Konzeption, Gestaltung
Ulrike Klotz, Carsten Pollnick

Texte und Gedichtauswahl
Carsten Pollnick

Coverdesign
Buch/CD: Ulrike Klotz, Margret Peters, Carsten Pollnick

Illustrationen
Siegfried Rischar

Fotos
Gundy Keller, Paula Bachmann

Druck

Verlagsdruckerei Schmidt, 91413 Neustadt an der Aisch

Bindung
Buchbinderei Grauf, 91522 Ansbach

CD
Produktion, Aufnahmetechnik, Bearbeitung
A-TOWN recordings Aschaffenburg, Gundy Keller
Wortregie
Maria Gütter-Berthold

Gesamtproduktion
© Geschichts- und Kunstverein Aschaffenburg e. V. 2003
GV AB CD-02   ISBN-3-87965-094-2

Wilhelm Heinse (1746-1803)
Punktierstich von Friedrich Wilhelm Bollinger

Lebensstationen

1746	Am 15. Februar wird Johann Jakob Wilhelm Heinse als Sohn des Organisten, Stadtschreibers und späteren Bürgermeisters von Langewiesen bei Ilmenau/Thüringen, Johann Nicolaus Hein(t)ze (1711-1782), und dessen Ehefrau Barbara Jahn (1718-1788) in Langewiesen geboren.
1760-1766	Zunächst besucht er das Gymnasium in Arnstadt, wechselt dann aber nach Schleusingen. Er verläßt letztgenannte Bildungsanstalt jedoch, weil er *sich nicht der herrschenden Schulordnung unterwerfen wollte*.
1766	Anschließend schreibt er sich an den Universitäten Jena und Erfurt als Student der Rechte ein, widmet sich aber hauptsächlich seinen literarischen Interessen, *wo [Christoph Martin] Wieland sein poetisches Talent erkannte und ihn an [Johann Wilhelm Ludwig] Gleim in Halberstadt, den im Unterstützen nie müden väterlichen Freund aller jungen Dichtergenies jener Jahre, empfahl.*
1772-1773	Nach seinen Studien nimmt Wilhelm Heinse eine Hauslehrerstelle bei der Familie von Massow in Quedlinburg an, die ihm der Schriftsteller Johann Wilhelm Ludwig Gleim (1719-1803) vermittelt hat. Diese Anstellung gibt er jedoch bald wieder auf und kehrt nach Halberstadt zurück, *ohne andere bestimmte Beschäftigung, als die poetische, bei seinem Gönner* [Gleim].
1774	Heinse geht nach Düsseldorf als Mitherausgeber der Zeitschrift „Iris", für die er *tänzelnde prosaische Arbeiten zur Belehrung der Grazien, wie man die gebildeten Damen nannte*, verfaßt. Er wohnt

im Haus des Schriftstellers Johann Georg Jacobi (1740-1814), der ihn zu dieser Übersiedlung auch veranlaßt hat, und dessen Bruder Friedrich Heinrich Jacobi (1743-1819), Kaufmann, Beamter, Schriftsteller und Philosoph, und befreundet sich mit dem Sturm- und Drang-Autor Friedrich Maximilian von Klinger (1752-1831). Ferner beginnt er mit der Abfassung seiner Tagebücher.

1780-1783 Beginn einer fast dreijährigen Italienreise, ermöglicht durch Johann Wilhelm Ludwig Gleim und Friedrich Heinrich Jacobi, *aus Geldmangel und Lust an körperlicher Bewegung zum größten Teil zu Fuß unternommen*, die Heinses Kunstauffassung und Werk prägen sollte. Über die Schweiz und Südfrankreich, Genua, Parma, Modena, Venedig und Florenz führt ihn sein Weg auch nach Rom, wo er den Maler und Dichter Friedrich Müller (1749-1825), genannt Maler Müller, kennenlernt.

1783-1784 Nach seiner Rückkehr aus Italien nach Düsseldorf schreibt er sein berühmtestes Werk „Ardinghello und die glückseeligen Inseln", das 1787 erscheint.

1786 Heinse wird Vorleser beim Mainzer Erzbischof/Kurfürst Friedrich Carl Joseph von Erthal (1774-1802).

1787 Der Erzbischof/Kurfürst überträgt ihm die Stelle eines Hofbibliothekars durch Vermittlung des Historikers und Staatsmannes Johannes von Müller (1752-1809).

1795-1796 Während der Unruhen der Französischen Revolution flüchtet Heinse mit dem Rest der ihm anvertrauten Mainzer Hofbibliothek in das Aschaffenburger Schloß Johannisburg, wo er auch weiterhin als

Bibliothekar mit Hofrats- und Professorentitel in Erthals Diensten steht. Auch nach dessen Tod 1802 bleibt er im kurfürstlichen Beschäftigungsverhältnis bei Carl Theodor von Dalberg (1802-1817). Ferner erscheint 1795/1796 die Frucht von Heinses Studien und Erlebnissen: „Hildegard von Hohenthal".

1803 Am 17. Juni erleidet der Dichter, Kunstkritiker und kurfürstliche Hofbibliothekar Wilhelm Heinse einen zweiten Schlaganfall, an dessen Folgen er fünf Tage später, am 22. Juni, in Aschaffenburg stirbt. Zusammen mit einem katholischen Pfarrer und dessen Kaplänen sowie einem Vertreter des Kurfürsten geben ihm nur wenige Freunde das letzte Geleit. Seine sterblichen Überreste werden in der Folgezeit dreimal umgebettet, bis sie schließlich auf dem neu eröffneten Teil des Altstadtfriedhofes 1880 endlich ihre endgültige Ruhestätte finden.

Wilhelm Heinse

„Musik ist das Sinnlichste,
was der Mensch vom Leben fassen kann"

Mit dem Roman „Laidion oder die Eleusinischen Geheimnisse" (1774), der den Genuß des Daseins nach dem Maß der natürlichen Kräfte und der erreichbaren Glückseligkeit empfiehlt, dem Künstlerroman „Ardinghello und die glückseeligen Inseln" (1787) als Begründer des deutschen Künstlerromans und dem Roman „Hildegard von Hohenthal" (1795/1796) mit musiktheoretischen Ausführungen, ist Wilhelm Heinse heute einem größeren Leserpublikum bekannt.

Aber der Schriftsteller, Kunsttheoretiker und kurfürstliche Hofbibliothekar war ein vielseitiger Intellektueller, der *ästhetische Positionen artikulierte, die seinen Zeitgenossen als zu freizügig und sogar anstößig galten und doch auf die literarische Welt des späten 18. Jahrhunderts weitgehenden Einfluß hatten.* Vor allem die Aufzeichnungen seiner Italienreise von 1780 bis 1783 weisen ihn als exzellenten Beobachter und Kunstschriftsteller aus, wobei seine Diskrepanz zwischen fortschreitender Zivilisation und *Entfremdung von der Natur* deutlich wird: *Reisen, die Erde und ihre Geschöpfe kennen lernen, ist die natürliche Bestimmung des Menschen: Stille sitzen und Phantasien schmieden, sein unnatürlicher Zustand,* schreibt er in sein Tagebuch nach dem Ende seiner Reise. Ebenso beeindruckend sind seine kritischen Anschauungen über Gesellschaft und Erotik, über menschliche Werte im allgemeinen und besonderen, über Staat und Natur, über bildende Kunst und Musik. Vor allem die Musik war ihm nach seinem Italien-Aufenthalt *als lebendige Kunst* geblieben, konnte er sich damit *zu gegenwärtiger Wirkung reproduzieren, während die bildende Kunst allmählich ihre Macht über ihn verlor* [. . .]. Gerade mit oder aus der Musik lebt *sein Glaube an das wunderbar sinnvolle* [. . .], *oft sinnlos erscheinende Spiel des Wesens,* das ihn in eine *kosmische Geborgenheit gehüllt hat.*

Eine exakte Zuordnung Wilhelm Heinses ist kaum möglich, weder in die Klassik noch in die Romantik, weder in die Rationalität der Aufklärung noch in den Gefühlsüberschwang des „Sturm und Drang", [. . .] *weil sein Fall im Grunde der allereinfachste war: daß nämlich, wie weit er auch in die Zukunft wirkte, seine Zeit selber in ihm wie in kaum einem andern zum Ziele kam: nicht mit ihren vergänglichen Einseitigkeiten, wie dem Rationalismus, nicht mit ihren unzulänglichen Dichtversuchen, die gegenüber Klassik und Romantik meist wirklich nur Experimente bedeuteten – sondern in ihrer echten Einheit als Kultur, die noch alle Künste ungetrennt umfaßt* [. . .].

Nachsatz: Clemens Brentano, der Jahrzehnte später, 1842, gleich Wilhelm Heinse auf dem Aschaffenburger Altstadtfriedhof seine letzte Ruhestätte finden sollte, äußerte sich sehr emotional über seinen „Berufskollegen":

[. . .] *Sehr lieb ist es mir jetzt, daß ich Heinse gekannt habe; er war bis in die letzte Zeit derselbe, und ich glaube, er hat vielleicht klassischer gelebt als gedichtet. Heinse ist mir eine der wunderbarsten poetischen Naturen, und bescheiden war er, er konnte mit Handwerkern zusammenleben. Ich weiß nicht warum, aber ich habe ihn gar lieb.*

Carsten Pollnick

Anmerkung:
Die Zitate wurden entnommen aus: Wilhelm Heinse: Aus Briefen, Werken, Tagebüchern. Stuttgart 1958; ders.: Tagebuch einer Reise nach Italien. Mit einem biographischen Essay von Almut Hüfler, hrsg. von Christoph Schwandt. Frankfurt am Main/Leipzig 2002.

Gestehen wir es nur, daß die Phantasie
die Schöpferin aller Glückseligkeiten
der Menschen ist, und daß die Wahrheit
immer ihr Glück zu Boden schlägt.

Wilhelm Heinse: Aus Briefen, Werken,
Tagebüchern; hier: Ich – Natur und Welt

**Auszüge aus den von
Carsten Pollnick
rezitierten Texten**

Drey Taube

Es haben oft zugleich der Leser und der Dichter,
Und auch der Kritikus kein zuverlässig Ohr.
So lud vor einen tauben Richter
Ein Tauber einen Tauben vor.
Der Kläger sagt': Auf meinem Felde
Hat er dem Wilde nachgehetzt.
Beklagter: Nein; von seinem Gelde
War längst das Drittheil abgesetzt.
Der Richter sprach: Das Recht der Ehren
Bleibt heilig, alt und allgemein.
Es soll die Heirath vor sich gehen,
Und ich will bey der Hochzeit seyn!

Das Diebsgeschlechte

Ein Mitglied von der finstern Bande,
Ein grober Pöbel Diebe nennt,
Erzählte seiner Braut von seinem hohen Stande,
Denn, sprach er, es ist Zeit, daß ihr die Freundschaft kennt.

Mein Vater, hub er an, ein Engel im Vergiften,
Schwang sich durch seine Kunst aufs Rad,
Mein theurer Großpapa, der lauter Wunder that,
Herrscht, seit ich jung ward, in den Lüften,
Und meiner Mutter Ruhm ist aller Welt bekannt;
Man hat an ihrem Todestage
Auf zwanzig Klaftern Holz verbrannt.

Der zärtliche Liebhaber

Ein junger, reicher Lord,
Der mehr als eine Welt sein treues Julchen liebte,
Der auf ein halbgesagtes Wort
Den kleinsten Wunsch von ihr sich zu errathen übte,
Gieng einst in einer Sommernacht,
Vom heitern Himmel angelacht,
Mit ihr, für deren Glück er Alles hingegeben.
»Oh sieh doch!« rief das Mädchen schnell,
»Oh sieh doch, welch ein Stern! wie spielend und wie hell!«
»Der schönste, den ich sah in meinem ganzen Leben!«

Sie fühlt des Lieblings Hand in ihren Händen beben.
Er sieht den Stern mit traurigem Gesicht,
Und dann sein Mädchen an, und spricht:
Ach! Julchen, ach! verlang' ihn nicht,
Ich kann ihn dir nicht geben!

Der Patient
(Eine wahre Geschichte)

Ich lag gefährlich krank.
Gequält von Pillen und von Trank,
War, ach! mein Wunsch, mein Trost in dieser Noth,
Herr Doktor Markus und der Tod.
Die beide zankten sich,
Wie unversöhnliche, geschworne Feind', um mich.
Ach, seufzt' ich, eh' ich lang' auf diesem Lager liege,
So gieb doch, Gott, daß Einer nur bald siege!

Die gründliche Betrübniß

Auf seinem Bette liegt Lubin,
Sein Weib ist voller Jammer:
Und, ach! aus beider Busen fliehn
Viel Seufzer durch die Kammer.

Doch sagt man, daß vor gleicher Noth
Nicht beide Gatten beben.
Der Mann befürchtet seinen Tod,
Und seine Frau sein Leben.

Die Küsse

Als sich aus Eigennutz Melisse
Dem muntern Koridon ergab,
Nahm sie, für einen ihrer Küsse,
Ihm anfangs dreyßig Schäfchen ab.

Am andern Tag erschien die Stunde,
Daß er den Tausch viel besser traf.
Sein Mund gewann von ihrem Munde
Schon dreyßig Küsse für ein Schaf.

Der dritte Tag war zu beneiden:
Da gab die milde Schäferinn
Um einen neuen Kuß mit Freuden
Ihm alle Schaafe wieder hin.

Allein am vierten giengs betrübter,
Indem sie Herd' und Hund verhieß
Für einen Kuß, den ihr Geliebter
Umsonst an Doris überließ.

Europa

Als Zeus Europa lieb gewann,
Nahm er, die Schöne zu besiegen,
Verschiedene Gestalten an,
Verschieden ihr verschiedlich anzuliegen.
Als Gott zuerst erschien er ihr;
Dann als ein Mann, und endlich als ein Thier.

Umsonst legt er als Gott den Himmel ihr zu Füßen;
Stolz fliehet sie vor seinen Küssen.
Umsonst fleht er als Mann, im schmeichelhaften Ton;
Verachtung war der Liebe Lohn.
Zuletzt, mein schön Geschlecht, gesagt zu deinen Ehren –
Ließ sie – von wem? – vom Bullen sich bethören.

Über Eros und Sexus

Jeder Mensch ist für sich nur ein Halbes,
Mann und Weib ein Ganzes.
Mann und Weib sind zwei vereinzelte Hälften;
keine kann für sich allein bestehen, jede sucht die
ihrige zu finden und sich mit ihr zu vereinigen,
und selten sind sie so glücklich.
Der Mann ist seiner Natur nach weit veränderlicher
als das Weib, aber der Mann ist nichtsdestoweniger
unendlich stärker und lebendiger.
Der Mensch hat drei große Bedürfnisse:
Essen, Trinken, Beischlaf, die er notwendig
befriedigen muß. Bei der Annäherung des dritten
fühlt er einen Anfall von einem hitzigen Fieber,
das ihn außer sich selbst bringt und ihn
aufs heftigste brennt.

Über menschliche Werte

Jeder Mensch ist nur das und kann nur das sein, wozu ihn die Umstände machen, und kann nicht darüber hinaus, und wenn er als Cäsar und Alexander geboren wäre.
Kein Mensch kann auch nur einen Moment in seinem Leben mehr sein, als er eben ist.
In der Einsamkeit ist jeder Mensch am meisten, was er ist; deswegen sind die Gelehrten in ihren Schriften am größten.
Die guten Menschen sind diejenigen, die nicht repräsentieren, sondern sind, was sie sind.

Das Spiel des Wesens

Das erste und heftigste Verlangen der Seele,
welches sie nie verläßt, ist Neuheit,
und dann Durchschauung,
und endlich Vollkommenheit oder Zerstörung der Dinge.
Dies treibt die Unsterbliche durch alle Welten.
Sie schafft und wirkt,
ihre Schwingen sind unermüdlich und verlieren ihre Kraft nie,
und sie kann nicht aufhören,
sich zu bewegen und bewegt zu werden,
so bescheiden gegen sich,
daß sie von sich selbst nichts weiß:
aber die Iliade zeugt überall genug von Homeren.

Über den Umgang mit Menschen

Menschenkenntnis ist das Resultat vieler Beobachtungen
über eine Menge verschiedener Menschen.

Man muß gewiß mehr und viel von einem Meister
gesehen haben, ehe man ihn recht kennenlernt.
So geht's auch mit den Menschen überhaupt: die
trefflichen muß man studieren, und zuweilen sind sie
so schwer auszukundschaften wie die Werke des
Aristoteles. Es ist nichts lächerlicher als die Hofschranzen,
die einen großen Mann beim ersten Besuch weghaben
wollen und oft von ihm nur aus den Komplimenten
urteilen, die er freilich nicht so verstehen kann wie sie.

Über das Göttliche

Die Harmonie jedes Geschöpfs mit sich, die
harmonische Verschiedenheit aller Geschöpfe
auf und in der Erde, im Wasser, in der Luft –
wie jedes sein eignes Leben, seine eigne Bewegung hat,
woher? ist unbekannt. Von Gott? Was weißt du mehr?
Der letzte Schritt aller Weisheit geht ins Nichts.

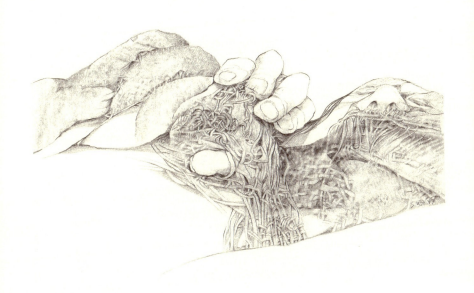

Über die Gesellschaft

Der Grundtrieb der Geselligkeit ist nicht bloß, mit den Menschen zu plaudern und sich die Zeit zu vertreiben, sondern mit allen Menschen ein Ganzes zu machen, wenigstens mit den Menschen, die um uns sind, wenigstens mit denen, die einerlei Interesse mit mir haben.

Endlich der Trieb, durch das Geschlecht unsterblich zu werden, da es persönlich zu sein der Natur der Dinge [nach] nicht möglich ist.

Ich – Natur und Welt

Gestehen wir es nur, daß die Phantasie die Schöpferin
aller Glückseligkeiten der Menschen ist, und daß die
Wahrheit immer ihr Glück zu Boden schlägt.
Da stehen wir, als ein Klümpchen zu Sinnen erwachsener
Materie, auf einem Punkt des Planeten Erde; lassen
unsere Augen über und um uns herschauen, unsere Ohren
um uns her hören, unsere Nase riechen und unsere Lungen
Luft holen – und unbegreiflich ist es uns, daß ein
Klümpchen Erde Dinge in ungeheuerer Entfernung,
daß unsere Augen den Sirius empfinden können –
und unbegreiflich ist es uns, wie wir jeder besonderen
Empfindung unserer Sinnen uns wieder erinnern –
und unbegreiflich ist es uns, wenn wir noch so sehr
tief sinnen, wie wir diese wiedergedachten Empfindungen
zusammensetzen und neue Gedanken machen.

Über Glückseligkeit und Moral

Die Menschen haben den natürlichen Trieb zur Moralität, und sie hängen ihm gleich nach, sobald die Gelegenheiten dazu da sind. Dies findet man überall. Aber die Unordnungen, Mißbräuche der bürgerlichen Gesellschaft ersticken ihn und stoßen ihn mit Gewalt zurück.

Moralische Stärke entsteht durch Widerspruch, durch Umgang mit allerlei Leuten. Wer sich bloß zu denen hält, wo er sich gefällt oder die ihm gütlich tun, wird ein Weib.

Über den Sinn des Lebens

Alles Lebendige entspringt aus keiner Quelle allein,
sondern aus unzähligen Adern. Was aus einer allein
entspringt, kann nicht lange bestehen.

Das kleinste lebendige Ganze hat die Grundgesetze
des größten.

Der Mensch ist allen Gesetzen unterworfen,
die in der Natur sind.

„Alles regt und bewegt sich"

Rezitation: Carsten Pollnick
Musik: Johann Franz Xaver Sterkel

1. **Heinse-Biographie Anfang**
   01-I Allegro
   (Klavierkonzert Nr. 2 D-Dur op. 26.1)

2. **Drey Taube**
   Erzählungen für junge Damen
   und Dichter, Bd. 2,
   Komische Erzählungen, X

3. **Das Diebsgeschlechte**
   Erzählungen für junge Damen
   und Dichter, Bd. 2,
   Komische Erzählungen, XVII

4. **Der betrübte Wittwer**
   Erzählungen für junge Damen
   und Dichter, Bd. 2,
   Komische Erzählungen, XI
   02-II Adagio
   (Klavierkonzert Nr. 2 D-Dur op. 26.1)

5. **Der zärtliche Liebhaber**
   Erzählungen für junge Damen
   und Dichter, Bd. 2,
   Komische Erzählungen, XXXVI

6. **Der Patient (Eine wahre Geschichte)**
   Erzählungen für junge Damen
   und Dichter, Bd. 2,
   Komische Erzählungen, XX

7. **Die gründliche Betrübniß**
   Erzählungen für junge Damen
   und Dichter, Bd. 1,
   Komische Erzählungen, V

8. **Die Küsse**
   Erzählungen für junge Damen
   und Dichter, Bd. 2,
   Komische Erzählungen, XXIX

9. **Europa**
   Erzählungen für junge Damen
   und Dichter, Bd. 2,
   Komische Erzählungen, XXIII

10. **Über Eros und Sexus**
    Aphorismen
    07-IV Allegro vivace (Sinfonia in D)

11. **Über menschliche Werte**
    Aphorismen
    05-II Largghetto (Sinfonia in D)

12	**Die hohe Kunst** Aus Briefen, Werken, Tagebüchern, II			**06-III Menrietto allegro** **(Sinfonia in D)**
13	**Musik und Musiker** Aus Briefen, Werken, Tagebüchern, III **03-III Rondo presto** **(Klavierkonzert Nr. 2 D-Dur op. 26. 1)**		18	**Über die Gesellschaft** Aphorismen
			19	**Ich – Natur und Welt** Aus Briefen, Werken, Tagebüchern, I
14	**Das Spiel des Wesens** Aus Briefen, Werken, Tagebüchern, IV		20	**Über Glückseligkeit und Moral** Aphorismen
15	**Über den Umgang mit Menschen** Komische Erzählungen, X		21	**Über den Sinn des Lebens** Aphorismen
16	**Über Erziehung und Bildung** Aphorismen		22	**Heinse-Biographie Ende** **04-I Allegro con spirito** **(Sinfonia in D)**
17	**Über das Göttliche** Aphorismen			

Die rezitierten Texte von Wilhelm Heinse wurden entnommen aus:
Erzählungen für junge Damen und Dichter. Faksimiledruck nach der Ausgabe von 1775 mit einem Nachwort von Marie Luise Gansberg. Stuttgart 1967. – Aus Briefen, Werken, Tagebüchern. Stuttgart 1958; daraus wurde auch der Titel „Alles regt und bewegt sich" entnommen (S. 69). – Aphorismen. Heidelberg 1947.

Die Musik stammt von Johann Franz Xaver Sterkel (1750-1817), entnommen der CD-Nr. BR 100 226 „Musik am kurmainzer Hof", Streichquartett Nr. 21 D-Dur KV 575 (Veilchenquartett), Streichquartett Nr. 22 B-Dur KV 589, gespielt vom Stamitz-Quartett, erschienen und zur Verfügung gestellt von der Firma Bayer-records, 74321 Bietigheim-Bissingen.

Produktion der CD: A-TOWN recordings Aschaffenburg, Gundy Keller

Illustrationen von Siegfried Rischar

2	Danae. Farbstiftzeichnung
12	Uranos. Bleistiftzeichnung
17	Die schöne Galatea. Bleistiftzeichnung
21	Leda und der Schwan. Bleistiftzeichnung
23	Europa. Bleistiftzeichnung
25	Pan und Selene. Farbstiftzeichnung
29	Ariadne. Bleistiftzeichnung
31	Zeus. Bleistiftzeichnung
36	Medusa. Bleistiftzeichnung

Vielen Dank...

Maria Gütter-Berthold
*für ihre unaufhörliche Akkuratesse
bei der Wortregie*

Gundy Keller
*für seine Geduld und Motivation
zu sprachlicher Höchstleistung*

Ulrike Klotz
für ihre zielgerichtete Begleitung

Margret Peters
für ihre spontane Inspiration

Siegfried Rischar
*für seinen künstlerischen Gleichklang
mit Wilhelm Heinse*

Hans Schmidt jr.
für seine kreativen Ideen